UUSIA LORUJA

50 lorua vuosilta 2008-2014

KIMMO PALO

1

Piirrokset: Henna Sundqvist, paitsi piirrokset sivuilla
76 ja 84, jotka ovat kirjoittajan tekemiä.

Kustantaja: BoD – Books on Demand, Helsinki, Suomi
Valmistaja:BoD – Books on Demand, Norderstedt, Saksa
ISBN 978-952-339-279-3

SISÄLLYS

Iltaruno äidille 9
Läpi paksujenkin pilvien 10
Kohta voit heittää pois 11
Onnittelen Matti Myöhäsenä 13
Sanoit vaurioittaneesi 14
Unikeon päivänä 15
Hiljaa kirja tulee 16
Haluan Helsinkiin 18
Kirjan synnytystuskiin tuskastunut 19
Köyhän hahmon marttyyri 20
Lähetän sulle 23
Lorutonta kertomaa 24
Ruonansuuta ja Tervoa ei höyhennetä ....
eikä jätetä, sanoo tämä setä 25
Lasse Lepola muistelee lyhyesti levottomia ......
nuoruusvuosiaan 26
Irenen iskiessä 27
Sylvi 28
Tiennyt en 29
Onnekkaasti jos käy 30
Ystävällä kun on nimpparit 31
Synttäriloru 32
Runosi oli komia 34

4

Rakastaa, rakastaa, rakastaa 35
En soisi kummallekaan 36
Toivottavasti ei oo enää 37
Nimipäivänä 38
Hyvää Joulua sinulle 40
Hyvää, jo kurkistelevaa kevättä 41
Sydäntalviset synttäriterveiset 44
Ammattiauttajan ja avuttoman aviomiehen .....
avausreplat 46
Harmaapään harras haave 47
Hu huu 48
Olen tamperelainen 49
Jouluni joutuin meni 50
Tässä sanan säilän ritari 51
Moi! 52
Moi nyt 53
Moi vaan 56
Kissatyttö 58
Anna suukko 59
Annan palautetta 61
Pirjo moi 62
Alaston Annabelle 64
Meiksin meili megaihanalle metsänkeijulle .....
melkoisen meluisasta metropolista 65
Kylmä tuli (on sammunut) 68
Hutilus Hemmingin ensimmäinen ....
sähköpostikirje lemmenjumalalle......................... 70
Irti ISSistä 77

Ihmettelen itekseni kysymysmerkkinä, ...

hetkinäni heikkoina ja herkkinä 81

Kotikommentaattori runoilee TTK-tuomarien ..

kanssa 85

Metsänkeiju moi 93

Uusien haasteiden edessä, ...

ei kenenkään vanavedessä ....

(Purjeisiin tarttunut laulu) 99

2008

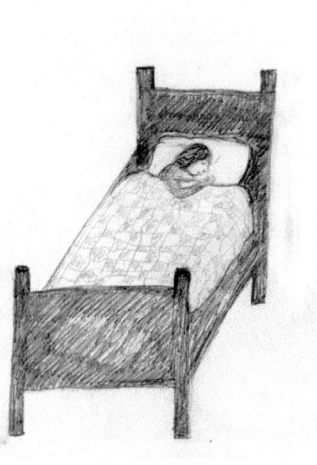

ILTARUNO ÄIDILLE

Kun käyt illalla maate,
ota ylles tämän virkkeen villainen vaate,
ja olkoon lempeän levollinen aina sun aate.

LÄPI PAKSUJENKIN PILVIEN

Läpi paksujenkin pilvien aurinko voi paistaa.
Äidin poimimien ensi kesän mansikoiden maun
melkein voi jo maistaa.

PIAN VOIT HEITTÄÄ POIS

Pian voit heittää pois huolien huonon hansikkaan,
ja sen sijaan pitää kädessäsi ilon sellasta.
Pääset taas kotiin, maalle mansikkaan,
missä ei sairaus eikä muu paha mellasta.

2011-2014

ONNITTELEN MATTI MYÖHÄSENÄ

Onnittelen Matti Myöhäsenä eilisestä
merkkipäivästä Mammojen ja Mummien :)
Ethän anna valtaa voimille mielialojen tummien,
vaan jaksat joka käänteessä iloita ja nauraa,
oli pötypöydässäs sitten majesteettinen menuu, tai
huonoa hukkakauraa.

SANOIT VAURIOITTANEESI

Sanoit vaurioittaneesi vahingossa autosi tuulilasia,
mutta löysit siitäkin asiasta jotain myönteistä.
Vaikka taloudellinen takaisku on ikävä asia,
autoit autosta ulos ja pidit siten elossa hyönteistä.

UNIKEON PÄIVÄNÄ

Heräsimme aamulla päivään unikeon,
mutta myös onneen heräämisen päivä se on
tämä, vaikkei tulis illalla uni pollaan,
ja itseluottamus ois valahtanut nollaan,
tai P. olis auki eikä rahapelit siunais voitollaan.

Tänäänkin on aika työntevon,
mutta myös aika pysähtymisen ja levon.
Vitsaukset vaikk' vaientais varjollaan,
ja pohjahalkeama ois tullu elämän merellä jollaan,
me silti kiinni elämässä ollaan.

HILJAA KIRJA TULEE

Joku vois napauttaa että alan käydä nynnystä,
kun ei tule valmista runokirjani synnystä.
Mulla ei ole sen suhteen julkaisukynnystä,
kynnyskysymykset ovat silkkaa teknistä laatua.

Värssyni kirjaksi, sen vähempään en aio tyytyä.
Turha luulla että aion tässä prosessissa hyytyä.
Tekniset solmut selvitän, ja hyvän tukun myytyä
meinaan kirjaani saada, pitkällisesti aikaansaatua.

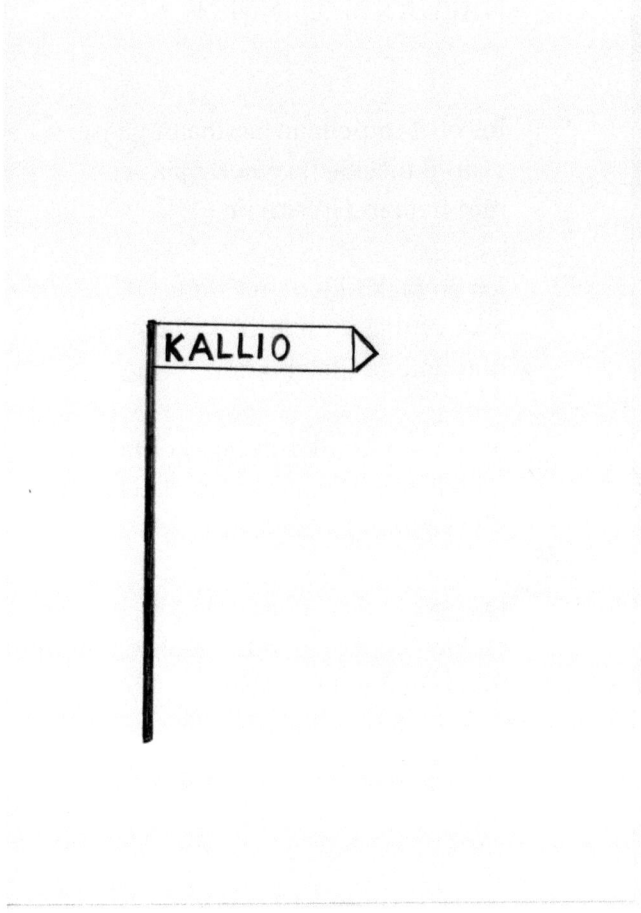

HALUAN HELSINKIIN

Jos en Tampellaan asumaan pääse,
vaan ikuiseksi haaveeksi jää se,
niin haluan Helsinkiin.

Jos en täältä löydä naistani,
joka yrittää ymmärtää kaltaistani,
niin haluan Helsinkiin.

Jos en saa kodiksein omakotitaloa,
tai ikävyys alkaa tukahduttaa sieluni paloa,
niin haluan Helsinkiin.

Jos Helsingissä pääsen leipiin esimerkiksi ISSin,
tai Helsingistä löydän omaksein luomumissin,
niin haluan Helsinkiin.

KIRJAN SYNNYTYSTUSKIIN TUSKASTUNUT

Tahdon pian oman opuksen julkasta.
Useampaankin kirjaan riittää matskua pulkasta.
Vaikeata ei ole sisältöä siihen koota,
mutta tekninen toteutus tuottaa tenkkapoota.

Yritykseen ja erehdykseen aikaa hukkaantuu,
mutta ei kirjaa tekemään puolestani kukkaan tuu.
Vois tää homma helpompaakin olla.
Tosin ei jos julkaisen kirjan BoD kustantamolla.

Ja siellä edullisimman tavan mukaan BoD Funissa.
Kirja kyllä julkaistaan vielä, eikä vain mun unissa.
Sitten kun pääsen valmista kirjaa käsissäin pitään,
en varmaan välitä näistä synnytystuskista mitään.

KÖYHÄN HAHMON MARTTYYRI

Käyn jo koko lailla aidosta marttyyristä,
kun jo yheksättä vuotta tässä kerrostalossa kärsin.
Kun hukkaan heitän mulle annettua aikaa tyyristä.
Ruotsiksi ja enkuksi napautettuna: det här är sin.

Pitäis päästä muualle, unelmiani rakentamaan.
Täällä touhuan toisarvoisten asioiden parissa.
Tämä asunto ahdistaa, ja saa mut lamaan.
Ja tuntuu ettei mulla oo CV:ssä mitään plakkarissa.

Mielestäni oon henkisesti kasvanut ja vahvistunut
kuitenkin, ja kokemusteni kautta muuttunut.
Tunnen silti että oon kuin vankilassa aikaa istunut,
ja hedelmättömään ympäristöön juuttunut.

Tunnen tosiaankin olevani olosuhteiden vanki.
Mutta ei oo pakottavaa tarvetta lähtee litoon.
Totta kai mä vapautta rakastan, ja sitä haluanki,
mutten näköjään tarpeeks kun vieläkin täällä oon.

Kyllä mulla tahdonvoimaa karkaamiseen ois,
mutta jostain syystä ei oo tarvetta käyttää sitä.
Tarpeen vaatiessa muutos piankin tapahtua vois,
ja muurit ja kalterit vois ympäriltäni hävitä.

Omarauhainen talo, morsian, tai pari setelisäkkiä
sais nyt jostain eteeni tulla.
Jos sydämestäni pyydän, ne vois toteutua äkkiä,
muttei peukalon pyörittelyllä, tai sen nostelulla.

Poismuutto tekis nyt tosiaan hyvää, tuntuu siltä.
Mutten tiedä muuttaako Helsinkiin vai maalle.
Koti saattais löytyä niin Citystä kuin korpikyliltä.
On aika sietämätön tunne kun revitään kahtaalle.

Ehkei allekirjoittanut tiedä mitä oikeasti haluu,
tai etenemistäni estää ja jarruttaa pelko.
Mun pitäis tajuta että hiekka tiimalasissa valuu,
joten olis jo aika ottaa maaleista ja peloista selko.

Ehkä tässä rahatilanteessa pitää asua kaupungissa.
Eli pysyä töissä Tampereella, tai muuttaa Hesaan.
Ehkei oo nyt sen aika että mullon talo, pimu, kissa.
Kenties on tarkoitettu että myöhemmin ne saan.

Lähden tästä talosta sitten kun aika kypsä on,
ja tarve vaatii, en ala muuttamaan mitään väkisin.
Ja näin tehdessäni voin silti olla peloton.
Näin mä sen näkisin.

Lienee parasta edetä päivä kerrallaan,
niin kuin tähänkin asti.
Luojaan luottaen polkuani tallaan,
uskoen että kaikki järjestyy lopulta kivasti.

LÄHETÄN SULLE

Lähetän sulle tällä erää tiedotteen,
jonka yllätys yllätys lorun muotoon teen.
Seuraava lomani alkaa lauantaina 8. lokakuuta,
ja silloin aion painaa taas junan penkkipuuta.
Onko kenties jotain sitä vastaan sulla,
jos lomallani tahtoisin taas luokses tulla?

Jäi kesken lehtiroskien pihalle raijaaminen,
ja samoin sinun pipipaikkojen paijaaminen.
En halua sun olevan pölyisten aviisiesi armoilla,
vaan kernaasti poistaisin ne otteillain varmoilla.
Koska se vain lisää sun ahdistusta ja tuskaa,
jollei kukaan lähimmäinen kasojasi ulos kuskaa.

Kerro mitä olet tästä asiasta mieltä,
koristaako ehkä hymy sun suupieltä?

LORUTONTA KERTOMAA

Mulla ei ole aikaa loppuelämääni joutavia loruilla,
ja siitä itteäin toruilla,
sillä elämä on aivan liian lyhyt moiseen.

Mun on saatava unelmani todeksi tehtyä
ennen kuin energiani ja aikani alkaa ehtyä.
Kun en tiedä onko mahista kierrokseen toiseen.

RUONANSUUTA JA TERVOA EI HÖYHENNETÄ
EIKÄ JÄTETÄ, SANOO TÄMÄ SETÄ

Tervo tekis varmasti kirjojaan,
vaikkei sais niistä latin latia.
Hän olis kuulemma kaatunut ojaan,
katuojaan, ilman vaimoaan Katia.

Kun katson töllöttimestä Jopea,
hänen imitoidessaan Loiria ja Remua,
mietin että hälle kuuluu kulta, ei pronssi tai hopea,
Emma-gaalassa, jossa on sikarin ja konjakin lemua.

Onneks meillä Ruonansuut ja Tervot on,
tässä kylmässä ja synkeässä kaamoksen maassa,
sillä hyvä musiikki ja huumori hervoton
on ankeuden keskellä asemassa arvokkaassa.

Älä siis Kati jätä Jaria,
vaikka hommansa ryyppyputkeen menis.
Ja Jopen nainen, ethän ota Jopen tilalle bodaria,
tai ketään muutakaan, sillä Jope siitä murenis.

Ja Jari varmaan kans, joten älkää olko liian ankaria
näille harvinaisen hauskoille miehillenne, pliis.
Suomen kansa rakastaa näitä kumpaakin sankaria,
siinä missä lätkän mm-joukkuettakin vm. ysiviis.

25

LASSE LEPOLA MUISTELEE LYHYESTI
LEVOTTOMIA NUORUUSVUOSIAAN

Nuorna miesnä kutsui minua myös Alpit.
"Miks perhees luota karkuun kalpit?",
vaimo tivasi, ja jatkoi että lempparihanheni
poissaollessani ikävästä riutuen silmissä vanheni.

Sittemmin ei kotikyläämme Kinisjärveä eli Kinistä
jättänyt enää pidemmäksi aikaa, kun Sinistä,
esikoistyttärestään, ja vaimostaan vauvoineen
sai matkaseuraa loppuelämäks hahmoni auvoinen.

IRENEN ISKIESSÄ

Irene-hurrikaani iskee päin USAn itärannikkoo,
ja aiheuttanee monenmoista isoo tuhoo ja rikkoo,
joita tullaan paikkaamaan velkarahoin.

Irene iski minutkin taannoin melkein kumoon,
kun tykästyin silmiensä ja olemuksensa lumoon.
Taisin selvitä siitä säikähdyksellä, ehjin nahoin.

SYLVI

Eilen oli synttärit Sylvin,
ja muistan aikaa kun niitin sitä mitä kylvin.
Enempiki oisin voinu pyrkiä hyviä asioita kylvään
ja yrittää nostaa pystyyn ystävyytemme pylvään.
Kun viimein olisin halunnut korjata menneen
hänen kanssaan, kuulin Sylvin ajan jo huvenneen
täällä maan päällä ja töin tuskin jaksoin uskoa sitä.
Oisin halunnut näyttää hänelle sitä kaikkea mitä
olin musiikin maailmasta viime aikoina löytäny,
kuten Abban, Séverine-hitin...uskoen että pöytä ny
puhdas, tai ainakin puhtaampi ois ollu meille.
Tuskin tulee loppu näille mun ikävän kyyneleille
ennen ku me toivottavasti Taivaassa taas tavataan,
ja toisillemme tulla sydämemme avataan. <3

TIENNYT EN

Tiennyt en 20-30 vuotta sitten
millaisen elämäntien vanhempana valitten,
miten paljo ongelmaa ja onnea koen, ja mimmosta.

Vaikka näen nyt elämän silmin enemmän selkein,
niin hyvä jos vieläkään tiedän edes melkein,
että mikä ja millainen on määrä tulla Kimmosta.

ONNEKKAASTI JOS KÄY

Onnekkaasti jos käy,
niin ei kaukana enää näy
se päivä kun eka eepokseni tulee ulos uunista.

Voin luottaa Anitaan, kummitätiin...
...hän tuli reilusti avukseni hätiin.
Oon hänelle kiitollinen tekemästään dataduunista.

YSTÄVÄLLÄ KUN ON NIMPPARIT

Ystävällä kun on nimpparit,
haluan lähettää onnittelurivit parit.
Jokaisen päivän voit laittaa sun omiin nimiin,
jos vain päätöksesi on niin.
Muista että sinulla on valta
päästä pois apatian alta.
Puhtaasti iloiten voit olla onnellinen tänään ja aina
eikä maalliset murheet raskaan ryijynsä alle paina.

SYNTTÄRILORU

Lämpimäiset onnittelut merkkipäivänäsi :)
Toivon että suht kunnossa on sun käsi,
eikä kolota kropassasi muuallakaan missään.

Sivelköön sieluas siunaus ja olkoon olos riemukas
ja kaikesta kiitollinen; sillon ei oo onnikaan hukas.
Koita jaksaa luottaa lujasti meijän Taivaan Issään.

RUNOSI OLI KOMIA

Runosi oli komia
ja sen sanat somia,
ja sen aatokset ajattomia,
sekä realistisia, pilvilinnattomia.
Minusta on aina kovin sommoo,
kun ihminen laittaa likoon persoonaansa ommoo.
Nostan peukut ylös sanoen, että on uutinen upee
jos repustasi lisää runoja irtoamaan rupee.
Siitä vaan omakustannetta julkasemmaan,
omia hengen hedelmiä ei kannata jättää jemmaan.

RAKASTAA, RAKASTAA, RAKASTAA

Surullisena pitelit kädessäsi päivänkakkaraa...
...taikka sen rippeitä.
Yritin lohduttaa samalla ku söin mustaa makkaraa:
"Jumala rakastaa joka terälehdellä meitä."

EN SOISI KUMMALLEKAAN

En soisi kummallekaan riutumista ja pahaa fiilistä,
vaikkei syttyis enää lämpöä ystävyytemme hiilistä.
Sen sijaan toivoisin kukoistusta ja kasvua henkistä,
edistyäksemme nykysestä elämänkoulun penkistä.
En halunnut ystävyytemme ovea sulkea.
Onko niin ettei sen kautta voi enää kulkea?
Onko se niin säpissä ettet voi enää sitä avata?
Olisin halunnut sinut joskus kasvotusten tavata.
Mutta jos mielestäs ei sovi yhteen meidän askeleet,
niin minkäs tässä sitten teet.
Silloin varmastikin niin määrätty on,
ja sinulle kaikkea hyvää jatkossa toivon.
Lopuksi haluan vielä sanoa vain,
että jos joskus tulee jotain,
ja tahdot minut silloin tavottaa,
niin aina voit yhteyttä ottaa.

TOIVOTTAVASTI EI OO ENÄÄ

Toivottavasti ei oo enää pikkuvarpaasi pipinä,
eikä oo elämän soihdustasi kaikkoamassa kipinä,
vaan jaksat iloita elämän ihmeestä sen eri kanteilta
vaikka olisitki säästyny taivaalta satavilta lanteilta.

NIMIPÄIVÄNÄ

Onkohan pitopöydässäsi terveyslimpparia,
viettäessäsi tänään omaa nimpparia?...
Vai siemailetko ehkä parit lääkegrogit
läppärisi ääressä, kun päivität omat blogit?
Saitkohan onnitteluviestejä nipun,
hinasikohan talonmiehenne pihasalkoon lipun?
Toikohan sulle aamukahveeta vuoteeseen kukaan,
vai eikö sua sitten passattukaan,
vaikka toiveita semmosesta elätit?
Toivon että tähän päivään mennessä huoles selätit.
Saat ohessa virtuaalisen ruusupuskan,
ja kaikkea hyvää mikä voisi taltuttaa tuskan,
ja pyyhkiä silmänurkastasi kirpoavan kyyneleen.
Sallinet tämän ystäväsi eleen...

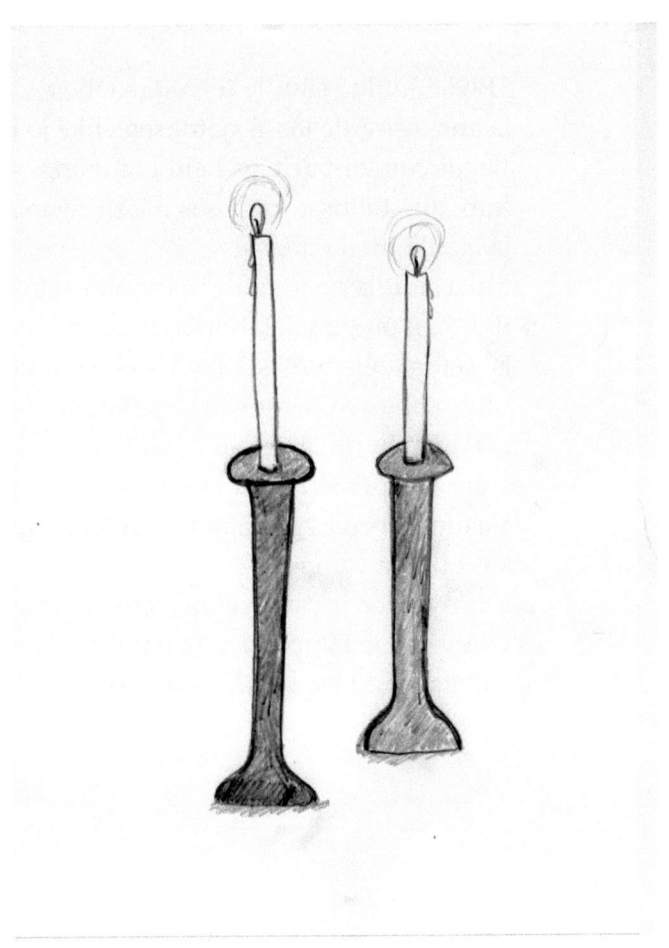

HYVÄÄ JOULUA SINULLE

Hyvää Joulua sinulle toivottaa tahon,
ja antaa sinulle tässä ajatuksen ehkä jo puolilahon.
Leijukoon ympärilläsi henki rauhan,
kun koristellussa kodissas häärit riisipuurokauhan
ja laatikoiden parissa.
Ehkä sinulla on jo tulevan kevään valo kiikarissa
nyt, kun on pimeä talvipäivänseisaus,
ja saattaa olla työlästä ilovirsien veisaus.
Mutta oheisen hempeän sävelkulun mukana voit
silti aina hyräillä, ja sen myötä tällä erää moit
sulle Tampereen talven keskeltä huikkaan.
Virtuaaliseen kynttilään tai kahteen, tuikkaan
aattoiltana valon.
Kylmyyteen ja pimeyteen sinun kotitalon
voit valoa ja lämpöä niistä halutessasi haalia,
vaikka sinulla jo olisikin omat tuikut joita vaalia.

HYVÄÄ, JO KURKISTELEVAA KEVÄTTÄ

Hyvää, jo kurkistelevaa kevättä ja mieltä keveätä,
huolet huomisen ja tän päivän Taivaan Iskälle jätä.
Liitä kätes yhteen jos kuitenkin tulee käteen hätä,
ja hädässäsi muistaa voit aina myös ystävätä.
Kerropa mitä sulle nyt kuuluu, se olis kiva juttu,
kun me ei olla pitkään aikaan sanaakaan puhuttu.
Oliko ketään joka sut kylään joulun viettoon kuttu,
mua ei kutsunut kukaan kylään, ei vieras, ei tuttu.
Jos nyt kuulumisistani pikkuisen puhun,
niin syksy on mennyt työhön ja kirjoitteluhun.
Kirjoittelu on yks syy siihen etten oo ottanu suhun
yhteyttä, joutunu oon nääs rustaamisen imuhun.
Kolme kuukautta oon tehny kirjaa, 100+ sivuista,
ja nyt oon pääsemässä eroon sen synnytyskivuista.
Se eroaa sillä tavalla julkaisuistani muista,
että tähän "hengenleipään" oon vain uutta ruista
käyttäny, lukuunottamatta muutamaa rivii hassua.
Vaikka kirja välillä pinnaani koetteli, en tassua
kumpaakaan nostanu ilmaan...tää "leipä" rassua
taloon tuskin tuo, mutta ehkä voi jonkun massua
miellyttää, ja sen kehräämään laittaa.
Tätäkin kirjaa oli kiva väsätä, vaikken osaa taittaa
opuksia vieläkään, mutta eipähän tuo haittaa,
pääasia että riimirimpsujen luominen yhä maittaa.

41

Kuten huomaat, on riimittely pahasti päälle jäänyt,
ja ehkä näistä loppumattomista loruista sää nyt
jo rasittunut oot, siispä lienee syytä loru tää nyt
lopetella, eikä myöskään tunnu mun yläpää nyt
enää kovin kirkkaasti fungeeraavan.
Lienen saanut riimikärpäsen puremasta haavan,
ja ny väsyneenä tuskin jaksaisin talsia halki Jaavan
tai ees Helsingin, taikka keksiä hitin kaavan.
2 v. sitten kärsin viimeks päänsärystä, ihme kyllä.
Se oli kai 30+ vuotta ku patamusta pilvi pääni yllä.
Ehkä se lähti livohkaan hiussuan käyttelyllä,
tai liekö syy se ettei kotona enää kahvimylly jyllää.
Eipä ny paljoa sanottavaa enää mieleeni mun tuu.
Mutta kirjottele mulle jos susta joskus siltä tuntuu.
Mutta älä vaivaudu jos ei enää ikinä ikävä sun tuu.
Vaikeudet on väliaikaisia eikä tarvi huolen huntuu
tympeää kantaa kasvoillaan, vaan voi viskaista
sen pois ja sen sijaan riemunviitan ylleen kiskaista.
Kunpa jostain siunaantuisi runsaasti uppiniskaista
ihmissorttia tähän synkeään maailmaan, naista
ja miestä, jotka hellittämättä levittäisivät iloista
elämänviestiä maan ääriin, ja vaikkei oo siloista
ylämäkeä elontiemme, kun murhesäkkien kiloista
kärsimme, ja vaikkei olisikaan neliapiloista
ja jäniksenkäpälistä apua ahdinkoon, niin voit olla
varma että rukouksesta on, jos hartaalla toivolla
rukoilet puhtaasta sydämestä...plus miinus nolla
ei oo lopputulos ikinä, uskokoon sen joka polla...

...jos kätemme tykönämme yhteen liitämme.
Ja hyvä sekin jos saaduista siunauksista kiitämme.
Me omana itsenämme Jumalalle aina riitämme.
Vaikka teemme hallaa itselle ja toisille, ja niitämme
siten huonoa ja vain poltettavaksi kelpaavaa satoa,
kannattaa meidän silti edelleen korjata omaa latoa,
eikä hävittää sitä maan tasalle...eivät itestään katoa
ikävät teot, mutta voimme silti pari "kastematoa"
kuskata sielulliseen maaperäämme jotta ne mullan
muodossa valmistavat hyvää kasvualustaa...kullan
arvoisia on pienetkin teot...nyt avaan teippirullan
ja tukin turpani, ja toivon ettei oo ollu pakkopullan
siivuja kuvaannollisesti nää säkeet sulle.
Tää ei oo ollu pakkopullaa ainakaan mulle.
Kaikkea hyvää viikon lopulle ja uuden alulle :)
Nyt annan periksi vatsaa vaivaavalle ruokahalulle.

SYDÄNTALVISET SYNTTÄRITERVEISET

Ystävä kun pyöreitä täyttää,
niin tahdon tilaisuutta hyväksi käyttää,
ja kirjoittaa pari riviä hassua.
Toivon ettei mikään vaivaa sun massua,
ja että sulla muutenkin kaikki hyvin ompi.
Että kunnossa on pääsi, jalkasi, kätesi, eikä pompi
sydämesi ulos rytmistään.
Toivon todella ettei sua kolota nyt mistään.
Toivon sulle terveyttä ja pitkää ikkää,
ja ettei sua pysty elon tiellä nujertamaan mikkää.

44

AMMATTIAUTTAJAN JA AVUTTOMAN AVIOMIEHEN AVAUSREPLAT

"Pentti Pönttönen, hei."
"Ilmari Ilonen, heissulivei."
"Ole hyvä ja käy pitkäksesi tuohon...
...siinä pöydällä on nippu nenäliinoja teidän
mahdolliseen kyynelvuohon."
"Kiitos...rakas vaimoni karkas kainalostani perään
vihreämmän ruohon...
...ja nyt olen kainaloitani myöten vajoamassa
vaikeuksiin ja surun suohon..."

HARMAAPÄÄN HARRAS HAAVE

Rakas Luojani, mulle suokko sen,
että saisin palata keskelle sini- ja valkovuokkosen
maiseman, ja myös aurinkoisen ja järviruokoisen,
kanssa taivaansinisilmäisen ja iholtaan huokoisen
yhdeksäntoistavuotiaan hymysilmäisen likan.
Voisitko laittaa pian heilumaan Sinun valtikan?
Jos jatkan...olisimmepa samalla aaltopituudella
tällä kertaa, ja saisinpa kirsikkasuutaan suudella
taivaanvuohien säestäessä taustalla meitä.
Saisinpa katsella kanssaan uljaita purjeveneitä
ulapalla, ja yhteiseen upeaan tulevaisuuteemme,
jossa kaikkea hienoa ja lauman lapsiakin teemme.
Ja saisinpa tällä kertaa käännettyä hänen päänsä,
ja pujotettua soman sormuksen nimettömäänsä.
Toivon että saisin tuon ikäisekseen viisaan tytön.
Onko tämä mun toiveeni vallan älytön?

HU HUU

Mitä sulle kuuluu?
Susta ei ole kuulunut kuukausiin mitään.
Oletko lähteny taas reppureissaamaan Kaukoitään
vai reissailetko kenties jossain muualla?
Vai oletko sittenkin Hki:ssä kerrostalon katon alla?
Kerropa miten tämä vuosi on kohdallasi sujunut,
mikä saa nykyään innostumaan ja iloiseksi sut?
Tartupa "kynään" ja kirjoita parit rivit.
Sulla oli nimpparit Vapun aikaan, pari viikkoa sit...
...onnittelut sen johdosta näin jälkikäteen :)
Ei tässä tän kummempia, tästä pian töihin meen.

OLEN TAMPERELAINEN

Olen tamperelainen erittäin nuorekas mies,
ja teen työtä arkisin otsa ja kainalot hies.
Haen aitoa suomalaista naista,
en etsi emäntää muista maista.
Tämä kaveri puhumisesta tykkää,
joten musta et saa seuraa mykkää.
Eli siis pussaan ja puhun,
ja haluaisin enemmän tutustua suhun.
Jos sua kiinnostaa tutustua muhun, niin meilaa,
niin nähdään saadaanko me toisistamme heilaa.
Olet nätinnäköinen nainen.
Ja murteestasi vois päätellä että olet pohjalainen?...
Tähän viestiin en voi laittaa itestäni fotoa,
koska sellainen löytyy ainoastaan kotoa.
Mutta seuraavassa viestissä kuvani saat,
joten toivottavasti postia postilaatikkooni paat.

JOULUNI JOUTUIN MENI

Jouluni joutuin meni...
Ja tänään kävin pitkästä aikaa leffassa.
Yritän saada valmiiksi kuudennen opukseni...
...sitä valmistelen ny tietokonetuoli kiinni peffassa.

Vaikka elän tässä päivässä,
niin nyt uuteen vuoteen varaslähdön otan
sähköpostissa tässä...
...ja sulle hyvää alkavaa vuotta toivotan.

TÄSSÄ SANAN SÄILÄN RITARI

Tässä sanan säilän ritari
lähettää sinulle rivin pari.
Olisi hauska täällä
bittieetterissä näin keväällä
vaihtaa kanssasi viesti jos toinenkin;
toivoo syvällinen nelikymppinen mies, iloinenkin.
Vielä en oo löytänyt sinulle kaipaamaasi loitsua,
mutta se ei lannista tätä poitsua.
Olisi mukava yllätys jos viestiä minulle heittäisit,
ja vaikka virtuaaliset teekupposet meille keittäisit.

MOI!

Mukava kuulla että viestini iloa päivääsi toi.
Sun meililläsi oli vaikutus samanlainen.
Huomaan että olet älykäs ja henkevä nainen,
ja lahjakas lauseenlaittaja, joita ei usein eteen tuu.
Kiva kun jaksoit lämmittää virtuaalista teepannuu,
ja valmistaa herkullista purtavaa teen kaa.
Kiitos, oli oikein maistuvaa :)
Oisin voinu tiskit tiskata kun sitä työksenikin teen.
Ehkä tiskaan seuraavan teehetkemme jälkeen.

Onko sulla karvaisia kavereita montakin?
Mä asun Mansessa...ja ehkä hankin mäkin rakin.
Kysyit mikä sai mut sulle vastaamaan...
Lorumuotoinen ilmosi sai mulle hymyn naamaan,
ja sulle vastaamaan innoitti,
eli uteliaisuus siis voitti...
...koska itsekin teen harrastuspohjalta loruja.
Taitoni ei oo siinä todellakaan ammattimaisen luja.
Ja omasta kokemuksestani tiesin myös sen,
että vähän kypsempään ikään ehtinyt ihminen
on syvällisempi ja viisaampi kirjeen kirjoittaja.
Paitsi jos nuori on HS:n kirjoituskilpailun voittaja,
tai varhaisviisas tapaus, jos nyt vähän kärjistetään.
Tässä tarinani tällä erää, viestiäsi vartoomaan jään.

52

MOI NYT

Sori kun vastaaminen on viivähtänyt.
Sen sijaan sun meilisi saapui kiitettävän pian.
Oman meilini voisi luulla kiertäneen Gruusian
kautta, tai lähetetyn matkaan kilpikonnan selässä.
No joka tapauksessa, nyt se on tässä.

Tänään, tai siis eilen, tuli yllättävä muutos säähän.
Piti laittaa taas vaihteeksi pipo päähän,
villasukat jalkaan, ja lämpimät käsineet käsiin
kun lähtee ulos, missä viima puhaltaa pläsiin.
Mites lumipyry otettiin siellä Lohjalla vastaan?
Koirasi varmaan tykkäävät kun pääsevät kastaan
kuononsa tuoreeseen lumeen?...
Itse hangoitellen talvella pitkäksi aikaa ulos meen,
koska en pidä talven kylmyydestä enää juurikaan,
vaan suuremmat kiksit keväästä ja kesästä saan.

Kerroit lukevasi paljon...
...mitä sulla tällä hetkellä yöpöydällä on...
...vai onko mitää?
Ootko niitä ihmisiä jotka kirjapäiväkirjaa pitää?
Ootko muunkin taiteen ku kirjallisuuden perään?
Mulle musiikki on tärkeintä, ja siksi levyjä kerään.
Kirjojakin on tullut vuosien kuluessa kerättyä,
mutta niitä ei löydy yhtä paljo ku löytyy lättyä.

Lättyä löytyy niin CD:nä ku vinyylinäkin.
Kuunteletko musaa harrastusmielessä ehkä säkin?
Oon tänä vuonna kahessa taidenäyttelyssä käynyt,
mutta koska myöhä on jo nyt,
niin voin palata niihin seuraavassa sähköpostissa.
Ja sitä paitsi mulla meinaa tulla nyt housuun pissa.

Mukavaa viikonloppua.
Viestilläsi ei ole pienintäkään hoppua :)

NAIVISMINÄYTTELY

MOI VAAN

Viikko on ehtinyt jo kulumaan,
siitä kun viimeksi lähetit viestii.
Nyt sain lopulta "paperista ja kynänpäästä" kii.
Suosiossani on edelleen tämä loruformaatti...
Ehkä olet tähän jo kyllästynyt ja naatti?...
Tämä tekstityyli on ku huomaamatta päälle jääny,
kun oon tehny samantyylistä kirjaa jo vuoden ny.
Nyt se on onneksi jo loppusuoralle kääntyny.
Hyvä niin, sillä oon sen tekoon lähes nääntyny.
Tää kirjetyylini muuttunee perinteiseks proosaks
jossain vaiheessa, tosta noin vaan, yks kaks :)

Mitä pitivät sisällään ne sun blogit,
tai blogi, jonka pääosassa olivat sun dogit? (-:
Itse en pidä blogia, enkä ole koskaan pitänyt.
Ehkä jonain päivänä se vois kiinnostaa, muttei nyt.

Niin, aattelin että kun kerroit lukevasi paljon,
niin ehkä sulla niin ollen kirjapäiväkirjakin on,
kuten runsaasti lukevilla saattaa olla.
Lohjalla asuu myös eräs lapsuudenkaverini, jolla
on kirjapäiväkirja käytössä, kuuleman mukaan.
Hän vinkkasi kirjoja, joihin en oo tutustunukaan
vielä vaikka lupasin niihin tutustua.
Voin antaa sullekin ton listan jos se kiinnostaa sua.

Onko taidenäyttelykäynneistäs jääny joku mieleen
erityisesti ja onko ne menneet nappiin vai pieleen?
Mulla on tänä vuonna molemmat näyttelyvalinnat
menny kohalleen, ne saavat lähes täydet pinnat.
Eka oli naivisminäyttely, ja toka esitteli Warholin
taidetta ja täytyy sanoa että enempi täpinöissä olin
Warholin maailmankuulun taiteen edessä.
Vaikutuksen teki se että hän ui kuin kala vedessä
erilaisten taidemuotojen parissa, ihan tosta vaan.
Hällä oli maalauksia ja filmejä ansioluettelossaan,
ja kirjakin, ja valokuvatöitä, ja LP-kansitaidettakin.
Näyttelystä nauttineena nappasin mun takin
näyttelyaulan naulakosta, ja pyöräilin kotiin.

No niin,
nyt on tullut aika pistää piste tälle tarinalle,
ja mennä pikku hiljaa goisaamaan peiton alle.

KISSATYTTÖ

Mieleni on miinuksella minun ja sinun takia.
Eli fiilikseni ei oo kovin makia,
vaan lähinnä maistan maun katkeran karvaan.

Välimme ovat kiistatta umpisolmussa,
ja myönnän että syy siihen alusta asti ol´ mussa.
Ei ois pitäny sua silittää, ei myötä- ei vastakarvaan.

ANNA SUUKKO

Jäin aikoinaan kiinni sun silmiisi,
ja siitä vois jonain päivänä syntyä biisi.
Mutta tänään syntyi tämä runontapainen.
Kuulehan tyttö...vai pitäiskö sanoa nainen...
...en tiedä miten ihmeessä kävi näin,
että pidät nyt otteessas mun sydäntäin.
Sun kanssas olen kulkenut vuoristorataa...
Me ollaan oltu välillä huonoa, välillä hyvää pataa.
Ehkä oomme sotkeneet kengät samaan purkkaan,
kun niin monesti olen heittäny lusikan nurkkaan,
ja aina oot sen hakenu ja laittanu käteeni takaisin.
Ehkä joskus roskan tietoisesti maton alle lakaisin,
mutten ikinä tunteinani joita en osaa sinulta salata.
Voisin tässä yhteen yhteiseen hetkeemme palata,
kun katsoin silmiäs ja pasmani niistä sekasin meni.
En tajunnu puheestasi mitään kun järkeni sumeni.
En oo aiemmin joutunu tunteitteni valtaan noin.
Jos nyt kuvailen mitä tuossa tilanteessa koin,
niin suojavarustukseni valahti lattialle hetkessä,
enkä ihmettele jos huomasit sen myös sä.
Huomaan ikävöiväni sua entistä enempi,
eikä sitä voi aiheuttaa mikään muu kuin lempi.
En tiedä varmasti, mutta toivon,
että edessä vielä se päivä on,
kun saan sanoa seuraavat sanat sulle...

...ja ehkä muunkin mikä on laitettu tälle lapulle:

Laita jo sivuun se keittiöpuukko,
ja anna mulle suukko.
Sitä pyydän sulta nyt,
ja olen sitä rukouksessakin pyytänyt,
sun tietämättäsi.
Ja melkein voisin pyytää sun isältäs sun kättäsi,
vaikka saatat hyvinkin olla jo jonkun toisen oma.
Anna suukko, ettei tunnu ikävältä mun kesäloma.

ANNAN PALAUTETTA

Juttuvinkkiä minulla ei ole toimituksellenne antaa,
valitettavasti, ei ainakaan nyt tällä kertaa.
Eikä fotoa ketusta joka hiipii Tesomajärven rantaa
pitkin, tai oravasta joka kuusenkäpyä nakertaa.

Kuvaamatta on jääny myös vuorihemppo ja hilleri.
Mutta palautetta annan sinulle mieluusti nyt tässä.
Olet iloisuudellasi todellinen piristyspilleri.
Kiva kun olet aamuradiossa meitä piristämässä.

Hellä äänesi voisi tehdä ehjän särkyneestä sielusta.
Näin aattelen nytkin, kun vedän korviini täkkiä,
ja työstä väsynyt pääni painuu vasten pielusta.
Kerro joskus saitko koskaan tätä mun feedbäkkiä.

PIRJO MOI

Miten silmäsi voi?
Ja millainen ylipäätään on vointisi?
Uskon että susta on huolta pitäny Taivaan Isi.
En oo kuullu susta ininääkään, ees pientä sellasta.
Ootko yhä JKL:ssä, vai löytyykö kotis Marbellasta?
Tai Toulousesta, tai Vihdistä, tai ehkä Hyvinkäältä.
Mut löytää edelleen täältä...
...Tampereelta...vaikka voisinki muuttaa pois heti.
Mutten Helsinkiin, vaikka se mua puoleensa veti.
Vaan eipä vedä enää, ei todella.
Puhesanastoni ei siis tuu täydentymään skrodella.
Tai snögöllä, tai ylipäätäänkään stadin slangilla.
Kenen kanssa mä bamlaisin sitä landen hangilla...
Jos ny ikinä pääsen asumaan maaseudun rauhaan.
No mutta mitä mä nyt asumisesta aloin jauhaan...
Tota kuule, mulla olis tässä semmosta asiaa että
olen paraikaa valmistelemassa mun viidettä...
...eiku sori, ei viidettä vaan tietenkin seitsemättä
kirjaani, ja tarttisin nyt sun auttavaa kättä.
Sait multa viime synttärinäsi kortissa lorunpätkän.
Haluaisitko tehä musta entistä iloisemman jätkän,
ja lähettää sen sähköpostilla tänne pikimmiten?
Olisin otettu jos saisin tähän kirjaani sen.
Jos et millään saa selvää variksenvarpaistani, niin
voisitko kiikuttaa kortin lähimpään postiin.

Saisit sen jouluksi takas uunituoreen kirjan kera.
Mutta ny mun on mentävä töihin ja oltava uuttera.
Ei mulla ny tän kummempia täs,
annahan kuulua ittestäs.
Ja hyvää vointia totta kai,
sanon sulle ny tällä erää heippa ja goodbye.

ALASTON ANNABELLE

Kiitos viestistäsi :)
Kodissani olis todellakin tarpeen sun auttava käsi.
Villakoiria ja pikkuroskia on joka puolella;
olis hienoa jos hoitaisit ne pois huolella.
Ja ajan kanssa, ilman minkäänlaista kiirusta.
Putsaisitko myös oven puhtaaksi parista viirusta.
Lattialla lojuu kasseja ja epämääräisiä paperikasoja
ja pöly peittää ilmanvaihtoaukkoja ja tasoja.
Matot olis syytä kantaa pihalle ja tampata,
ja voin jeesata, niin ei tartte monesti ulos rampata.
Pesuveden kanssa ei tarvitse läträtä, eikä mopata.
Ja pesuaineita multa löytyy, niitä ei tarvi shopata.
Neliöitä täällä ei onneksi ole liikaa,
mikä varmaan ilahduttaa sua, siivoojapiikaa.
Alaston Annabelle olis silmilleni ruokaa.
Mieluummin sua katson kuin mämmivuokaa.
Joten tervetuloa kylään, essun kanssa tai ilman.
Tule, niin valaiset mun marraskuisen maailman.

MEIKSIN MEILI MEGAIHANALLE METSÄNKEIJULLE MELKOISEN MELUISASTA METROPOLISTA

Metsänkeiju hei,

Lähetin sulle viestii, vaan susta mitään kuulunu ei.
En tosiaan saanut sanoilleni mitään vastakaikua.
Mutta silti en voi olla lähettämättä sulle haikua,
vai luetaankohan tää lemmenloruihin kuuluvaks...
Tää ei oo eka loruni, ekan tein vuonna yks ja kaks.
Kirjoitan sillä haluaisin tutustua suhun paremmin.
Kun tapasimme niin suhtauduin suhun aremmin.
Olen miettinyt että teinköhän tuolloin erheen.
Mäkin tahtoisin nyt ympärilleni perheen.
Tämä mies tykkää paljon lapsista.
En savuttele, enkä välitä tippaakaan snapsista,
enkä muistakaan alkoholijuomista.
Rakastan musaa ja kirjoittamista, uuden luomista.
Enemmän kuin mieluusti rakastaisin sinuakin,
mutta hyväksyn sen jos valitset mun sijaan Akin,
tai jonkun Petterin, tai Richardin, tai Leevin, tai...
Miten sulla ja pojallasi on sujunut tämä tiistai,
tai siis keskiviikkohan tämä on tietysti?
Toivottavasti elämä on teille ainainen lysti...
...tai ainakin melkein ainainen.
Elämästäni puuttuu kaltaisesi nainen.

Eli luomunainen, kypsä, rakastava kumppani.
Nainen, joka jakais kanssani myös joogajumppani.
Suhtaudun elämään anyway jatkuvalla ilolla...
...minusta on fantastista elämässä kiinni olla.
Missä merkeissä elämäsi sujuu nyt...
...mitä oot viime aikoina tehnyt?
Olisi hauskaa tehdä kanssasi hienoa musaa,
ja matkustaa Etelä-Euroopassa, tai pitkin USAa.
Savusaunassakin olis mukava vieretysten istuksia,
ja landen rauhaisassa, lumisessa luonnossa suksia.
Ja kirjoittaa kimpassa jotakin nastaa,
ja mustikoita, karpaloita, puolukoita pakastaa.
Talvella olis lystiä piiloutua lämpimän täkin alle,
ja kuiskata lepertelyjä omalle rakkaimmalle...
...ja rakastaa sitä ihmistä täydesti,
jonka löytäminen kovin kauan kesti.
Ois kiva ylläri kuulla susta Mia, vai Miiako se on...
Lähetä mulle meiliä, niin pelastat mun viikon...
...ja kuukauden, ja...

T: Meiksi metropolista

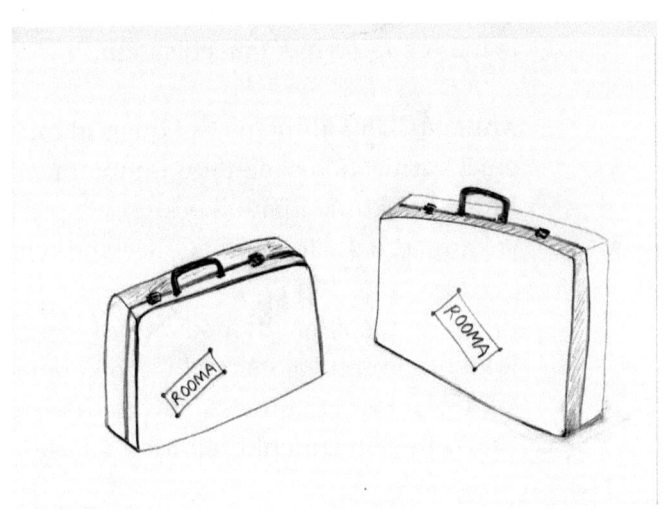

KYLMÄ TULI (ON SAMMUNUT)

Sekosin sokeasti suhun, aika tyhmänlaisesti.
Mutta nyt se on loppu, puoli vuotta sitä kesti.
Myönnän että tarinamme tosiaankin ohi on,
ja mä sen tässä nyt ääneen sanon.

Mulle valkeni viimein ettet oikeasti musta välitä,
enkä varmasti koskaan tuu unohtamaan sitä.
Mutta mä kuule ihan oikeesti susta pidin,
ja kanssas halusin nähdä Gracelandin ja Madridin.

Ei menty me ikinä yhdessä myöskään Roomaan.
Joku olis voinu vajota henkiseen koomaan,
joku joka tässä tilanteessa olis mun kengissä.
Mutta ite oon ennenki selvinny tällasesta hengissä.

Kun ihastuin suhun, ihastuin tyttöön, en naiseen.
Ihanan pehmeään, mutta kuitenkin kovanlaiseen.
Nättiin, mutta turhan ylpeään ja huomionkipeään,
kaunissilmäiseen, fiksuun ja työssään ripeään.

Kuvittelin mielessäni romanssin roihuamaan,
mutta kuvitelmaksi se saikin jäädä vaan.
Ja enää roihusta ei oo jäljellä kuin kylmää tuhkaa.
Ei mua silti ilottomuus eikä onnettomuus uhkaa.

Aion etsiä vierelleni pian jonkun toisen.
Jonkun vähemmän ylpeän, aidosti aidon ja iloisen,
empaattisen, puhumishaluisen, ja nauravaisen.
Nuoren, mutta henkisesti kypsän viisaan naisen.

Sä et ollut mulle se oikea, "the one".
Se jota rakastan, ja johon aina täysin luotan.
Ehkä olit väärinkäsitys, tai unikuva tai jotain.
En tiedä mitä sulle merkitsin, sen tiedät sinä vain.

Vaikken katkeriltakaan tunteilta välttynyt,
niin haluan sanoa sulle kiitoksen nyt,
sillä sä omalta osaltasi kirkastit mun unelmani.
Sen, jonka Jumala aikoinaan sydämeeni pani.

Kiitokset siis sanon sulle nyt lopuksi tässä,
ja toivon sulle kaikkea hyvää elämässä.
Toivon ettei elämä lyö sua pahasti pataan,
ja toivon että me vielä joskus jossain kohdataan.

HUTILUS HEMMINGIN ENSIMMÄINEN
SÄHKÖPOSTIKIRJE LEMMENJUMALALLE

Hei Amor, Cupido, Eros...
...oye los hombreros...(espanjani on erittäin lyhyt):(
Kukas teistä mahtaa nyt valtavuorossa olla?...
Toivon että kirjeeni on teillä, eikä makaa Posiolla,
tai oo vahingossa vaeltanu Vatikaaniin, tai Kemiin,
tai Buenos Airesiin, tai Sysmään, tai Jerusalemiin,
tai Brysseliin, tai South Queensferryyn, tai...
Ai niin, kirjeestä puuttuu päiväys...nyt on lauantai,
marraskuun eka.
Ja minä olen Hutilus Hemminki...kavereille Heka.
Olen hakemassa tässä nyt aitoa suomalaista naista.
Jos nyt kerron tarkemmin että millaista...
Nuorta, iloista, huumorintajuista ja viisasta.
Naista joka on valmis tekemään vaikka viis lasta,
tai enemmänkin, mutta ei se nyt välttämätöntä oo.
Mutta välttämätöntä on että hän Jumalaan uskoo...
...muuten välillämme on sovittamaton ristiriita.
Suotavaa on että naiselleni sanoo jotain U2, Viita,
Morricone ja Chape, eli taidetietämyksessä löytyy.
Hänen on tajuttava etten levyjäni niin vain myy.
Ja jos hän ei käsitä että tarvitsen yksinoloa usein,
niin ei hän voi millään olla mun kullanmurusein.
Huomionkipeä ei saa olla, eikä temperamenttinen.
Näitä piirteitä vaimossani siedä en.

70

Räjähtävä ja riidanhaluinen nainen ei saa olla,
vaan nainen jonka kanssa oon ikuisella tulitauolla.
Sellainen henkisesti kypsynyt, ei tavallinen tapaus,
josta huokuu levollisuus ja mielen vapaus...
...joka näyttää ulkoisesti ja sisäisesti tyyneltä,
ja jota ei nolota julkisesti tiruttaa satakin kyyneltä.
Nainen jolla on omanarvontunto kohdallaan,
niin ettei hän päästä ketään ylitseen tallaan.
Nainen joka rakastaa asua maalla...
...ja tuijottaa kanssani Härän tähdistöä yötaivaalla.
Nainen joka kävelee paljain jaloin pitkin niittyä.
Nainen joka ei ihmettele jos joskus haluan liittyä
lähimpään HSP- tai Asperger-yhdistykseen.
Eikä ihmettele jos ruokapöydässä jätän väliin teen,
lihan, alkoholin, kalan, kananmunan, tai kahvin.
Nainen joka kierrättää vaatteet, biojätteen, pahvin,
paperin, lasin, metallin, ongelmajätteen, muovin.
Nainen joka jaksaa katsella kanssani isokuovin,
variksen, muurahaisten, tai pullasorsan puuhia.
Nainen joka vois ajatella pitävänsä hevosia, uuhia,
koiria, kissoja, kaneja, vuohia kotieläiminä.
Nainen joka rakastaa musiikkia, kuten minä.
En toivo vaimokseni vaitonaista, vaan suupalttia,
mutta jolla on kuitenkin tahdikkuutta ja malttia.
Haluan vaimon tunteellisesta, nätistä ja herkästä
naisesta, joka osaa tehdä siirappia kuusenkerkästä,
jos haluaa, ja tehdä kasvisrisottoa ja pannukakkua.
Ei tarvi osata vaihtaa auton renkaita eikä akkua.

Vegetaristisuus on välttämätöntä, näin sanoisin.
Enkä taho kuulla hänen sanovan: "Bisseä joisin."
Tai: "Mun on päästävä nyt röökaamaan."
En ota naista joka panee paljon pakkelia naamaan.
Luonnollisen nätti hän tosiaan sais olla, ja hurttia
huumoria digata, ja ehkä osata tehä marjajogurttia.
Ois mukavaa jos hän tykkäis mun loruvihosta,
ja jos hän osais tehä terveemmän kasvojeni ihosta.
Voi ku hän osaiski tehä rohdoista sellasen töhnän,
tai voiteen, joka taltuttais kasvojeni taliköhnän.
Missin mitoissa hänen ei tietenkään tarvi olla,
mutta sopusuhtainen silti, ettei uppoa meijän jolla.
Tosiaan, hänen ei tarvitse olla vartaloltaan timmi,
kunhan on tasapainoinen, tervehenkinen mimmi.
Mukavaa ois jos hänessä ois viherpeukalon vikaa,
että osais istuttaa esim. tyrniä, pottua ja basilikaa.
Ja jos saan aivastuskohtauksen, sellaisen kauheen,
ja hän osais taikoa siihen avuksi yrttijauheen,
tai jotain muuta tepsivää, niin sekin ois hienoo.
Jos se nainen sanois ettei hänellä työpaikkaa oo,
niin mun kiinnostukseni häneen ei siitä lopahtais.
Vaan silloin lopahtais jos hän riistaa aseella jahtais.
Jos nyrjäytän nilkan metsässä, enkä saa vammalta
ja kivulta rauhaa, niin olis hyvä jos hän sammalta
tai jotain osais käyttää siellä korvessa lievitykseksi.
Makeeta seki jos käsissään syntyis sokeriton keksi.
Hänen tulis osata puhdistaa uuni ja pakastaa,
ja tykätä siivota, ja reissaamistakin tulis rakastaa.

72

Hän sais tykätä niin hotellihuoneista kuin keljasta.
Ehkä se tyttö osais valmistaa mehua mustaseljasta,
mustikoista, tyrnistä, porkkanoista, ja ties mistä.
Hänen tietysti pitää tykätä mun laisistani miehistä.
Sanonpa ny senkin että hänellä saa olla jo lapsia,
ja alleviivaan sitä että en ole hakemassa japsia,
virolaista, tai kuubatarta, vaan suomalaista muijaa.
Läpeensä rehellistä ihmistä joka ei ikinä huijaa.
Sen naisen tulis ymmärtää fiilisteni äärivaihteluja.
Ja hänen olis hyvä olla pehmeä, mutta silti luja.
Luonteensa puolesta meinaan.
On aivan sama mitä hän pitää lempialbumeinaan,
kunhan ei kuuntele metallimusaa, tai vastaavaa.
Seikkailumieli on hyvästä, mutta ei ny tarvi laavaa
sentään lähteä läheltä katsomaan satujen saarelle.
Jos jooga maistuu ja diggaa taivuttaa selän kaarelle
niin se on hieno juttu sekin.
Mutten taho kilpavoimistelijaa joka hallitsee rekin.
Enkä naista joka Miss Suomeksi kruunataan.
Enkä naista joka haluaisi lyödä jotakuta pataan,
vaan joka kannattaa rauhaa sen kaikilla tasoilla.
Tahdon naisen joka ei mielellään rämmi soilla,
mutta metsässä, niityillä, rannoilla, vesillä kyllä.
Naisen joka joka aamu hurmaa mut hymyllä.
Naisen joka ei siedä torien ja baarien tungosta,
ja pakenee maalle ja saa halivoimia puunrungosta.
Naisen joka ei rakastu toiseen, Aliin, Perttiin...
Naisen joka lähtee kanssani Morricone-konserttiin.

Maestron itsensä johtamaan sellaiseen.
Törmäsin tänään verotalossa kiehtovaan naiseen.
Hänellä oli ihonmyötäinen pyöräilypuku, reppu
ehkä, kypärä, älypuhelin, ja yllättävän iso peppu.
Mutta se tilanne jäi silmiin vilkuilu-asteelle.
Enkä ehtinyt ajatella että pyytäisin häntä teelle.
Ai niin mutta mähän en juo sitä.
No, ei me varmaan ikinä yhdessä mitään hörpitä.
Jos jatkan...tahdon kiltin kiltsin, sellasen tosi kiltin.
Joka pakkasella kömpii seurakseni alle villaviltin.
Sellaisen sussun toivon saavani mitä pikimmin.
Muille jäbille jätän suosiolla miesmäisen mimmin.
Mun muijani on naisellinen, luonnollinen ja ihana.
Ja ainut asia jonka tää vegetaristi tilaa kokolihana.
Mulle on yks lysti onko se nainen blondi, punapää
vai tummaverikkö, se Sinun harkittavaksesi jää.
Ja hyvä jos hän tunnustaa Jeesuksen Herrakseen.
No niin, tulipas ny lueteltua kriteerejä kerrakseen.
Suunnilleen edellä kuvatunlaisen naisen tahtoisin.
Häntä ilokseni keittiössä ja kammarissa kahtoisin.
Uskon että se nainen on kaikin puolin kultainen,
ja tälle miehelle just passeli, parahultainen.
Voi olla että kun tapaan sen Sinin, Marian, Emmin,
tai..., niin mä siinä vaiheessa vielä emmin.
Mutta lopulta mä häntä lemmin kuin lemminki.

T: *Hutilus Hemminki*

P.S. Ymmärrän että Sinulla riittää työtä ja hoppua,
eikä Sinulla liene montaa vapaata viikonloppua,
kun pyyntöjä satelee alati maailman eri kolkilta.
Niin korsolaiselta koulutytöltä joka on just kolkilta
menny nelkille, kuin balilaiselta banaanimyyjältä
ja kanadalaiselta kanafarmarilta, ja siltä ja tältä.
Joten vastaamisellasi ei ole pienintäkään kiirusta.
Ja huom., tässä sähköpostiviestissä ei ole viirusta.

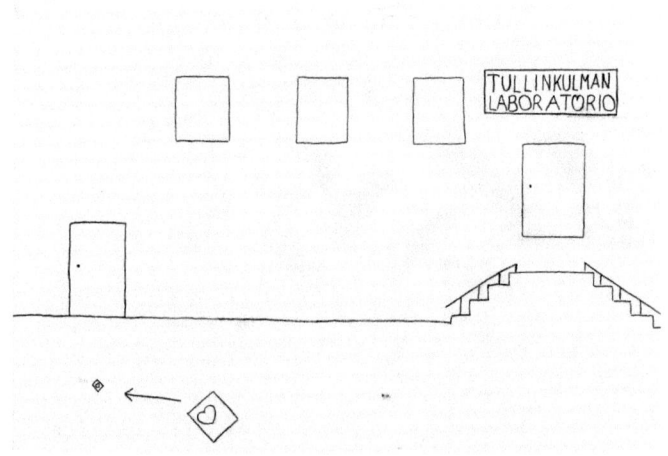

IRTI ISSISTÄ

Haikailin joskus ISSiin takaisin,
vaan enää en.
Siellä loppuvaiheessa niinkin laiskasti lakaisin,
että onnistuin saamaan kirjallisen varoituksen.

Tai itse asiassa kaksikin.
Eikä siitä kulunut kauaa kun sain potkut.
Sen jälkeen tunsin itseni hieman katkeraksikin,
kun jäi selvittämättä lomapäivä- ja palkkasotkut.

Noin 59 kuukautta olin töissä ISSissä,
ja kolme päivää olin sairaslomalla siitä ajasta.
Alaselän hermo mahdollisesti kramppasi hississä,
ja särkylääke teki sitten terveen tästä kirjoittajasta.

Jos mä ISSistä jotain vielä hieman ikävöin,
niin se on laboratoriohoitajatar Niina.
Ei hän ollu nainen jota oisin ajatellu päivin ja öin,
mutta veti mua puoleensa kuten 15v. sitten viina.

Muistan Marjatankin, sen niminen hän tais olla.
Hän pelkäsi joutuvansa jossain huonoon valoon.
Sanoin voivani puhdistaa maineensa kunnolla,
siivooja ku oon, joten senku ottaa yhteyttä Paloon.

Muistan I'm not here to talk-paitaisen Jiipeen
ja Tamfeltin työlään toimistosiivouksen.
Ajatukseni palaa myös Ullaan, ja mun siipeen...
...siipeen joka oli maassa, ja Ulla maahan sai sen.

Hän oli pari kertaa työparinani eräällä koululla.
Enpä arvannut etten häntä enää sen jälkeen nää.
Jos Ulla olis suvainnut vielä kerran koululle tulla,
niin olisin ehkä rohjennut häntä ulos pyytää.

Muistan Koskiklinikan pirtsakan ja vitaalin Viivin.
Siivosin siinä paikassa vakituisesti pitkään.
Jos siivotessani huomasin Viivin, liikuin ku siivin.
Voi Viivi kuinka sä työpäivääni piristitkään.

En voi unohtaa myöskään Ireneä eli Irkkua,
jolle tunnustin ikävöiväni häntä potkujeni jälkeen.
Enkä unohda lyhytaikaista työtoveriani Sirkkua,
jonka kotonakin kävin, ja ehkä join siellä teen.

Mutta ennen muuta muistan ISSin ajalta sydämet.
Ne joita satuin löytämään jos vaikka mistä.
Jos sanon mistä, niin sä ehkä uskot ehkä et.
Voi veljet ja siskot että niissä riitti ihmettelemistä.

Ekan sydämen löysin labrakeskuksen pihalta.
Se oli muovitaskussa, ja sen takana oli kirjoitusta.
Löysin sydämen siivouskopistakin, lavuaarin alta.
Siellä santakasa muodosti sydämen, ainaki musta.

Jokaista sydäntä tietenkään enää muista en,
mutta seuraava on niitä joita en voi unohtaa.
EKG-huoneen vieressä pesuvesi loihti sydämen.
Mietin usein miks allekirjoittanu sydämiä kohtaa...

Lääkärikeskuksesta löysin kynnyksen luota niitin,
joka oli taivutettu selvästi sydämen muotoon.
Varmaan jokaisesta sydämestä mielessäni kiitin.
Ja kyllä mä sydämiä ISSin jälkeenkin löytänyt oon.

Muistan ku v. 2010 pommitin työhakemuksin ISSiä
potkujeni jälkeen, mutta tulokset oli turhauttavat:
Yksi yhdentekevä työhaastattelu ja monta missiä.
Päätin että muut siivotkoot ISSillä kurat ja ravat.

Joo, tämä sälli ei enää ISSiin töihin mee,
eikä mua varmaan kukaan ottaiskaan takaisin.
Sain siellä mainetahran joka tuskin helposti lähtee.
No, varmaan se lähtis jos naissiivouspomon naisin.

Mutta se ei kuulu suunnitelmiini mun.
Aion puhdistaa maineeni omalla tavallani.
Ehkä työnantaja sitte katuu että anto kenkäpotkun,
ja mut pysyvästi pakkolomalle pani.

Silti oon kiitollinen siitä ettei mulla ISSiin asiaa oo,
ja siitä että pääsin henkisestikin irti ISSistä.
Irtautuminen siitä oli lopulta verraten helppoo...
...helpompaa ku irtautua kakarana tissistä.

IHMETTELEN ITEKSENI KYSYMYSMERKKINÄ, HETKINÄNI HEIKKOINA JA HERKKINÄ

Alla oleva teksti voi olla aika epäjohdonmukaista,
mutta ois mukava jos sinäkin jaksaisit sen lukaista.
Ja on vielä mukavampaa jos loruni on susta nasta.
Tein tämän että nää asiat lakkais mua vaivaamasta.

Miksei kohdalleni osu isompaa kenovoittoa.
Miksei tuu menneisyydestäni puhelinsoittoa,
eri kasvutielle lähteneen kaverin yhteydenottoa.
Ihmettelen tuloksia kun pelaan lemmenlottoa.
Miksei sekään tyttö tahdo pitää minusta huolta...
...miksei hän vieläkään näe sieluni sisäpuolta.
Ihmettelen miks joudun rahattomana rämpimään
niin kauan ennen ku pääsen maahan lämpimään.
Hedelmistään puu tunnetaan...
...tätä mä työpaikallanikin ihmetellä saan,
kun siellä on eräskin tyttö joka kyllä hymyilee,
muttei (k)anna hedelmää, vaan piilossa lymyilee.
Hän vain haluaa huomiota tai muuta etua itelleen.
Voin samaistua hänen hyväksikäyttämään pelleen.
Miksi osoitan kiinnostusta Annikaan, tai Riittaan,
tai Mariaan, mutta lopulta vain itsestäni piittaan.
Arvikin sai vaimon päällepäin kivasta akasta,
mutta tajus sitte ettei akka pyyteettömästi rakasta.
Miksi leikimme yhteiskunnassa roolileikkejä,
ja olemme siinä suhteessa feikkejä.

81

Miksemme uskalla luopua naamioista...
...miks esitämme yhdelle yhtä ja toiselle toista.
Miks olemme itsepintaisesti teennäisiä ja ylpeitä,
miks rakastamme vain niitä jotka rakastavat meitä.
Miksen tohdi tuntemattomista välittää,
miksen voi heitä halata ja kädestä pittää.
Miksei ykskään noista tytöistä halua mua piristää,
silloin kun näkyy että joku asia hermojani kiristää.
Miks elämä on niin usein kovin tylsäntuntuista,
miksemme useammin toisiamme piristä ja muista.
Mikset voi ottaa muhun yhteyttä ilman syytä,
tai vaikka mainostaa hyvää biisiä, tai revyytä.
Miksemme halua ihmisinä ikinä kehittyä, vaan
tukeudumme turvalliseen ja vanhaan.
Mikset nyt mukavuusalueesi ulkopuolelle mee,
mikset liity niihin jotka sisäistä ääntään kuuntelee.
Ihmettelen kun niin moni meistä itsensä pettää,
laiminlyö sydämensä äänen ja sydämen kylmettää.
Mikset jaksa uskoa että unelmasi voivat toteutua...
Mikset sano: "Mikään tai kukaan ei voi estää mua,
kun rakkaimmat haaveeni todeksi teen,
ja muistan siitä kiittää kun hiljennyn rukoukseen."
Miks ne ovat aina miehiä, ne jotka pelkäävät niin
että ovat syypäitä sotiin ja kotirauhan rikkomisiin,
kun eivät oo kuulleet että hyökkäys avunhuuto on.
Jos se uutisissa sanottais, oisko maailma sodaton...
Milloin opimme teoistamme vastuun ottamaan,
ja myöntämään että kuolema voi tulla koska vaan.

Ennemmin tai myöhemmin meijän tulee oppia että
elämämme on karman lain mukaista liikettä...
...sen minkä nyt lähimmäiselleni teen,
tulee ennemmin tai myöhemmin itselleni eteen.
Miksemme ota kiitollisena vastaan uutta päivää...
...miksei näy kasvoillamme nyt hymyn häivää.
Miks yllämme on tuskan haarniska eikä ilon nuttu.
Olemassaolo on sentään ihmeellinen juttu.
Ihmettelen mikseivät kaikki usko Jumalaan.
Vaikka ymmärränkin heitä kun TV:n päälle paan,
ja uutisia katon.
Kauhistelen ISIS:tä, Putinin puheita, iskuja Naton,
mutta uskon Jumalan universumin synnyttäneen.
Tapahtui mitä hyvänsä niin mä uskon Häneen.

Tällaisia irrallisia asioita oon itekseni ihmetelly.
Ehkä näitä on ihmetelly kans Joshua, Sanni, Kelly...
Oisin voinu tähän tällaisia asioita lisääkin liittää,
mutta kyllähän jo näissäkin ihmettelemistä riittää.

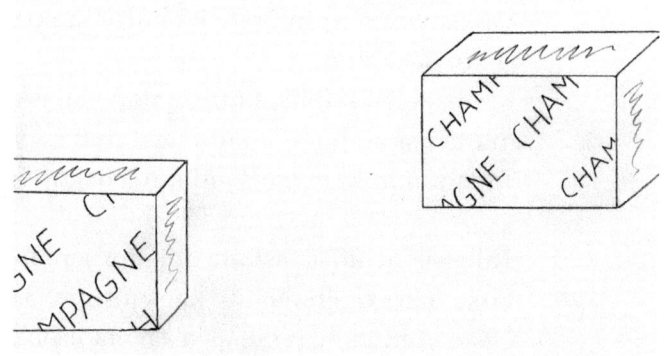

KOTIKOMMENTAATTORI RUNOILEE
TTK-TUOMARIEN KANSSA

Jutta ja Tommi, quickstep

Kun Jutta ja Tommi tanssii seksikästä quicksteppii,
niin naiset mielessään Tommilta paijan yltä reppii.
Ja mieskatsojat puolestaan tykönään Juttaa riisuu.
Tässä oli asennetta...tässä ei ollu mitään pliisuu.
Tää oli Tommilta tosi tyylikäs veto, samoin Jutalta.
Quicksteppinne katsominen tuntui tosi gutalta.
Tää ei ollu hepposta hyppelyy, vaan valiotassoo.
Haluan kiittää basistiakin, soitit hienosti bassoo :)

Lumi ja Kai, tango

Nyt nähtyäni tänään toistamiseen Lumin ja Kain,
mun on sanottava että: "Absolutely fine."
Tää oli selvästi parempi kuin teidän sambanne.
Kailla oli pää oikeassa asennossa, samoin lanne.
Kai oli vakuuttava ja Lumi keinui keimailevasti.
Seurasin teitä haltioituneena alusta loppuun asti.
Tää ei todellakaan ollut tangona tasapaksu,
kuten kuulemma twiittasi äsken Lignellin Raksu.

Kia ja Cristal, cha cha cha

Seuraavana ovat vuorossa Cristal ja Kia.
Ja he aikovat cha cha chan meille tanssia.
Tämä tanssi on Cristalin lemppari rumban ohella.
Samat sanat on sanonut muuten Kannisen Ella.
Mikä show Kia ja Cristal Snow, tanssitte upeasti.
Teidän tanssianne katsoisin mieluusti aamuun asti.
Bravo bravo, Kia ja Cristal!
Ootte lempparini tänvuotisel TTK-osallistujalistal.

Sinikka ja Topi, tango

Tää oli tanssina korkeintaan ihan kiva.
Tempo oli mielestäni jopa tangoksikin maleksiva.
Näytti siltä ku olisitte vain unisella iltakävelyllä.
Kyl tää rimaa hipoen oli tangoa, ikävä kyllä.
En nyt viitti nostaa esille jokaista tanssinne vikkaa.
Ihan mukava musta oli katsella Topia ja Sinikkaa,
mutta mä en nyt valitettavasti syttynyt teistä,
ja sen näette kohta mun antamistani pisteistä.

Anne ja Marko, valssi

Kiitos Marko ja Anne.
Valitettavasti tää ei ollu parhaita tanssejanne.
Tanssissanne kyl ajoittain tunnelma tiheni ja paisu,
mutta tää oli silti valssina yllättävän valju ja vaisu,
vaikka tanssista näkyikin että tykkäätte valssailla.
Kyl te silti aina keräätte katseet magneetin lailla.
Loppuyhteenvetona sanoisin tanssistanne että...
...tää oli ihan vinkeää viihdykettä.

Anu ja Jani, paso doble

Mun täytyy sanoa nyt,
että olen aivan mykistynyt.
Seuraavat sanat kuvailkoot tuntojani:
loitte paso doblella sellasen tunnelman Anu ja Jani
että kokemuksena tää lähentelee jo nirvanaa.
Mä en löydä tähän nyt sopivampaa sanaa.
Lämpimät kiitokset teille Jani ja Anu.
Tätä täyttymyksen tilaa oon koko syksyn oottanu.

Katri ja Pete, rumba

No tää rumbahan oli ihan superhyvä!
Tanssi oli tavattoman taidokasta, ja tulkinta syvä.
Koreografia oli korkeatasoinen, oppilaalle vaativa.
Tää esitys oli toden totta parempi kuin ihan kiva.
Pete ei kyllä kalpene yhtään Katrin rinnalla.
Musta Pete pysyis tanssijanakin hyvin pinnalla.
Taisin viimeistään ny hullaantua Katriin ja Peteen,
niin että mun silmäni peittyivät kyynelveteen.

Soikku ja Jurijs, samba

Tätä ei hyvällä tahdollakaan voi sanoa sambaksi.
Yks liike hieman muistutti sambaa, tai ehkä kaksi.
Vaikka teillä hetkittäin herkulliset hetkenne oliki,
niin mulla oli alusta alkaen otsallani kylmä hiki.
Soikku kyl viehkosti viiletti, mutta siihen se jäikin.
Eikä toiminu tässä bändin sinänsä upea It's A Sin.
Jurijs veikeästi velmuili ja Soikku kyydissä roikku,
silti tää oli musta samantekevä samba, sori Soikku.

Janna ja Matti, charleston

Vau mikä meno, ja vau mikä pari!
Janna, sä oot ku silmäkarkki, tai -tikkari.
Teidän esityksenne oli itseensä luottava ja peloton.
Ei vähimmässäkään määrin väritön tai eloton.
Tässä charlestonissa oli nyansseja ja karaktääriä.
En vilkuillu virheitä vaan Jannan pyllyä ja sääriä.
Toivon että tienne jatkuu finaaliin Janna ja Matti,
että saan yhä katella teitä, ainaki sua kuuma katti.

Susa ja Kaj, rumba

Kiitti Johanna unohtumattomasta tulkinnasta :)
Tää on nyt alakanttiin sanottu, mutta se oli nasta.
Ja nyt Kajhin ja Susaan...
Teidän kuuma rumbanne sopi hyvin discomusaan.
Ja discomusa toimi mainiosti tässä tanssissa,
ja keskinäinen kemianne oli alusta asti balanssissa.
Mulla ei ole sanoa yhtään moitteen sanaa teille.
Menkäähän nyt Mikon kautta Vapun puheille.

Semifinaalin jälkeen...

Vielä pitää odottaa vähä,
vajaa viikko, että saamme nähä
mikä pari voittajana voitonjuhlissa juo skumppaa,
ja jo nettijatkoilla pikku humalassa humppaa.
Sinä toivot että ykkösinä hymyilisivät Anu ja Jani,
ja sanot: "Valoisa Anu pelasti mut apatiastani."
Itse soisin että Katri ja Pete pääpotin korjais,
jotta finaalin jälkeen seuraavasti riimitellä sais:
Katri ja Pete voittivat TTK-tanssikisan,
ja matkan Italiaan, ja saavat nähdä Firenzen, Pisan
kaltevan tornin, Napolin, ja tietysti Roomankin.
Katri ja Pete räjäyttivät äänisaaliillaan pankin.
Tunnelma nousi voitonjuhlissa yli 2000 metriin.
Tanssin liekki syttyi jokaiseen, mutta "Petriin"
eritoten, kuten Katri ja Pete itseään kutsuivat.
Kaikki juhlijat yön kuluessa porealtaassa uivat.
Juhlat jatkuivat aina aamupuolineljään asti,
ja niitten aikana tyhjeni iso shamppanjalasti.
Lähes kaikki antoivat pikkusormensa alkoholille,
ja vetivät lopulta peput olille.
Matti oli jo puolenyön aikaan aivan änkyrässä.
Kia huolestu mutta Matti sano: "Ei oo hätää tässä."
Illan ja yön aikana kaikki tanssilajit läpi jorattiin,
ja aamulla eron hetkellä kimppahalissa porattiin...

90

...niin kilpailijat kuin tuomarit.
Paitsi huoneissaan nukkuvat kovimmat juomarit.
"Jorma, oisko sulla ny runoa tähän eron hetkeen?"
"Ei...mutta pikku hetki vaan Vappu niin sen teen.
No niin...
TTK-katsojien enemmistö ihastu Peteen ja Katriin,
eli Katri ja Pete tanssivat voiton hienosti himaan,
ja hetikohta sen jälkeen aloimme kaikki juhlimaan,
ja juhlimmekin oikein urakalla.
Osa meistä tanssi pöydällä, osa pöydän alla.
Me tanssittiin komeasti ja kovaa koko yö,
mutta nyt meitä kutsuu arki ja päivätyö.
Nyt meidän on tosiaan aika lähtee kotiin.
Toivottavasti saamme virittäytyä TTK-tanssisotiin
taas ensi vuonna, eikös vaan Vappu?"
"Kyllä...hei Jorma, sulta putos lappu...
Ens vuonna meijän pitää sellaiseen hotelliin lähtee
jatkoille jota mainostetaan hotellina jollon 9 tähtee,
eiku siis 10, eiks jee?"
"Upea idea Vappu, kyl sul noita ideoita irtoilee :)
Okei...
...mutta nyt meidän on sanottava toisillemme hei.
Mua jo odottaa tuolla pihalla taksi."
"Samoin...eilisiltaa ja yötä ei voi sanoa ku ihanaksi.
Mutta mä lähen ny meneen, morjens."
"Mä tuun samaa matkaa...jopas tässä aika lens..."

Kotikommentaattorin kiittävät terveiset TTK-työryhmälle

Ohjelmanne kuuluu TV-ohjelmien valioliigaan.
Sen jokaisen jakson aina täpinöissäni tsiigaan.
TTK on ihan parasta valohoitoa kelle tahansa.
Tästä lienee samaa mieltä koko Suomen kansa.
Toivon TTK:lle pitkää ikkää,
ja työryhmänne jäsenille niinikkää.
Kaikkea hyvää jokaiselle teistä :)

P.S. Kertoisitteko terveiseni Vapulle, ois ilo seistä
parinaan parketilla ja lähteä tanssin pyörteisiin.
Ja ekana biisinä vois soida vaikka Dancing Queen.

METSÄNKEIJU MOI

Meiksi tässä taas tarinoi...
Susta ei ole kuulunut mitään taaskaan.
Mielessäni on käyny epäilys että aikaani haaskaan,
ja toisaalta kuitenkaan en,
sillä seison takana tämän kaiken.
Annatko treffivastaukseksi ein vai juun?
En jaksa uskoa että puhuit sivu suun,
kun lupasit kertoa miten asia on.
Olet miettinyt asiaa nyt noin viikon...
...oletko vielä päätynyt johonkin ratkaisuun,
treffeihin tai yhteydenpitomme katkaisuun?
Uskon että olet rehellinen, viisas, lämmin nainen.
Sellainen kunnollinen joka on sanojensa mittainen.
Kiitos vielä taannoisesta tekstarista ja puhelusta.
Oli mukava ylläri työpäivän keskellä kuulla susta.
Mites sun muuttotouhut on sujuneet?
Onnittelut siitä talosta johon sä poikinesi meet :)
Kyllä kateeksi käy, täytyy sanoa.
Koskahan ite pääsen ok-taloon maalle Shimanoa
ajaan, tai millä fillarilla siellä sitten kurvailisinkin.
Mitä kautta sait omakotitalosta vinkin?
Onko se vuokratalo vaiko oma?
Mulla on kohta loppumassa viikon pituinen loma.
Valmistelen tässä mun tällä erää viimeistä opusta.
Siihen tulee muuten pari lorua myös susta.

Mitä siihen tuumaat?

Saat mut kirjoittamaan koska mut lähes huumaat.

Kuten jo sanoinkin niin sulla on miellyttävä ääni,

joka hivelee sieluni sisäpintaa ja korvakäytävääni.

Ois upeaa nukkua kanssasi muhkean täkin alla,

ja herätä siihen että hemppo viihdyttää laulamalla.

Herättyämme vaipuisimme uudestaan uneen...

Herättyäni taas huomaisin pääsi syliini painuneen.

Sitten voisin sun sävelmääs keksiä kertosäkeen,

ja myöhemmin mentäs kolmistaan pulkkamäkeen,

kunhan olisimme syöneet hyvän aamupalan ensin.

Sanoisin: "Mä tätä sun Yunnan-teetäsi viilensin."

Kysyisit onko hirssipuurossa sopivasti suolaa.

Poika kysyis: "Pääsenkö mä leikkimään Idan kaa?"

Vastaisit: "Eikö Ida vois tulla vaihteeksi tänne.

Voisitte ihan hyvin leikkiä täällä leikkejänne."

Syötyäsi aamupalan koitat tavoittaa kännyllä Idaa,

mutta hän on kuulemma juuri kiertämässä Fidaa,

ja muita kirppiksiä äitinsä matkassa Porissa.

Ja toistaiseksi heillä ei ole kuin huivi ostoskorissa.

Idan pikkusisko jatkaa: "Ida tulee illalla takas."

Pojalla on syömättä vielä viili ja pinaattimunakas.

Kuultuaan Idasta poika muuttuu alakuloiseks.

Sanon: "Tiiän miten me saadaan tuo alakulo veks.

Meemme pihalle ja teemme pakkasukon, tai -akan.

Ja palattuamme sisälle lämmittäisimme takan.

Tai ehkä lämmittäisimme savusaunan sillä kertaa.

Ja voitas nimet puunhakkuupölkkyyn kaivertaa.

Myöhemmin nauttisimme kaakaota ja sämpylöitä.
Sitten tiskaisimme ja tekisimme muita kodin töitä.
Sitten poika menis päiväunille.
Ja kohta mulle rimpauttais Leinosen Ville.
Sitten voisimme koittaa tehä alun sellaiseen biisiin
jossa olis ainesta päästä soittolistoille Paratiisiin.
Sä rämpyttäisit kitaraa ja mä pimputtaisin pianoo,
eiks joo?
Jonkin ajan päästä jättäisit kitaran oven pieleen,
ja tutustuisimme toistemme kehoon ja mieleen.
Soittaisin Sacred Journey II:a, tai Tunnel Of Lovea
(DS), tai...CD:ltä, ja raottaisimme rakkauden ovea,
ja astuisimme paljain jaloin ja empimättä sinne,
eikä kukaan vaatisi: "Näytättekö kulkukorttinne."
Sukeltaisimme erotiikan pohjattomaan mereen,
ja löytäisimme sieltä tuntemattoman mantereen...
...ja koreita koralleja, ja salaperäisiä luolia.
Oltais kaukana kaupungin kiroista, vailla huolia.
Eikö ookin upeeta päästä uuteen kotiin jouluksi?
Jos mulla ois oikeassa ruudussa jokainen ruksi
joku päivä, niin muuttaisin mäki täältä heti maalle.
Siellä vois vaikka syöttää ruohoa lampaalle,
tai antaa shetlanninpaimenkoiran juosta irrallaan.
Ja siellä asuis kanssani kiva nainen, joka virrallaan
lämmittäis niin talomme kuin mutkin.
Kyllä mä nytkin ok-taloilmoituksia usein tutkin.
Kysyin jo mutta kysyn vielä, tarvitko muuttoapua?
Mulla olis käsivarsissa aika hyvin ruista ja papua...

...ku oon työkseni 4 vuotta teräsastioita jynssänny.
Jos apu on tarpeen niin laita soimaan mun känny.
Sanoit että vaistosi on hyvä, ellei erinomainen.
Voin toki uskoa sen.
Vaistosi on varmasti joskus väärässäkin ollut,
ja harhaan johtanut sut...?
Treffeistämme ei varmastikaan oo mitään haittaa,
joten tarinallemme ei kannata nyt pistettä laittaa,
vai mitä?
Joten eiköhän lähiaikoina treffeillemme rynnitä.
Pyydän sulta nyt että mentäis piakkoin treffeille,
että tiedämme varmasti suuntaammeko eri teille,
vai jatkammeko elämää eteenpäin samaa latua.
Me luultavasti saisimme myöhemmin sitä katua
ettemme koskaan kääntäneet tätä korttia.
Uskon että olemme molemmat harvinaista sorttia.
Siks olis sääli jos emme ikinä lähemmin tutustuis.
Vaikken elämän merellä ikinä yhdessä kanssas uis,
niin haluan silti vielä tavata sua, yh-äippää,
joten älä tavoittamattomiin häippää.
Jos tapaamisemme on susta hyödytön,
niin löydän kyllä ennen pitkää sen tytön,
josta saan itselleni morsmaikun.

Väsäsin sulle tähän lopuksi pienen haikun:

Mia,

Sun lumoava äänes hivelee mun korvia,
sydäntä ja sielua.
Haluaisin joka päivä nähdä ja kuulla sua.
Ethän sano mulle hyvästi,
se surettais mua syvästi.
Tiedän että säkin kaipailet omaa rakasta.
Tässä olis sulle herttajätkä uudesta pakasta.
Ei se sitä tarkoita että alkaisin pelejä pelaan,
vaan kanssas kävelisin käsikkäin Onnelaan.

T: Meiksi

P.S. Lukiessasi tätä mun kirjettä,
sulle ei varmasti ole jäänyt epäselväksi että,
jos saan vielä tavata naamatusten sut, metsäkeijun,
niin mä silloin puoli metriä ilmassa leijun.

UUSIEN HAASTEIDEN EDESSÄ,
EI KENENKÄÄN VANAVEDESSÄ
(PURJEISIIN TARTTUNUT LAULU)

Kun tänään näen sen neidon,
heitän hänelle viimeisen hej då:n,
ainakin nyt tällä erää.
Aion hänet mielestäni heivata,
optimistijollani purjeet reivata,
ja ohjata ulapalle alustani tuliterää.

Aion lähteä maailmalle seikkailemaan.
Jatkossa saatat lähteä aikeitani veikkailemaan,
ja kysellä musta muilta.
Mutta he tuskin tietävät sen enempää,
joten sun omien arvailujesi varaan jää
olenko välttynyt seireeneiltä ja meren kauhuilta.

Tuskin sulle matkalta korttia lähetän, tai soitan,
mutta ajattelin kuitenkin että laulun kirjoitan,
en tiedä miten muuten sanottavani sanoisin.
Katson nyt eteenpäin ja karttaan, Lontoo, Milano...
Mulla on valtava elämän nälkä ja elämän jano.
Tuntuu siltä kuin olisin mies nälkäisin ja janoisin.

Nytkin täynnä innostusta oon,
kun saan pian nähdä Lontoon,
ja pääsen aistimaan suurkaupungin elämää.
En tiedä miten pitkään jään sinne olemaan.
Riippuu siitä mitä siellä aikaiseksi saan.
Jotakin varmasti, mutta mitä, se nähtäväksi jää.

Tämän laulun ehkä valmiiksi saan,
kun saavun seuraavaan satamaan,
ja mukavaan majapaikkaan kurvaan.
Ehkä sitten tuuli sulle lauluni lennättää,
tai saatat muuten aavistaa ettei mulla ole hättää,
kun elämäntielläni Jumalaan turvaan.

Haen maailmalta omani pois.
Jos en hakis, niin se väärin ois
itseäni ja kutsumukseni antajaa kohtaan.
Päätin sen jo ennen kuin lähdin merille,
ettei mikään estä mua pääsemästä perille.
Ei vaikka saisin iskuja sydämeen, selkään, ohtaan.

En voinut aiemmin maailmalle lähtee,
kun en nähnyt mun omaa johtotähtee,
jota lähteä innostuneena seuraamaan.
Ehkä mulla oli väärät silmälasit nenäni päällä,
tai ehkä johtotähti vain oli liian etäällä,
jotta olisin kyennyt sitä kiikariini saamaan.

Mutta nyt mä sen selvästi nään,
ja tiedän mitä tulin maan päälle tekemään,
ja siitä enemmän kuin innoissani olen.
Mistään en ole aiemmin ollut näin riemuissain.
Turhan kauan johtotähteäni taivaalta hain,
silti uskon että oikealla hetkellä näin sen.

En ole kuitenkaan voinut unohtaa sua.
Kuinka ensirakkaus voisi koskaan unohtua.
Ei se unohdu edes sitten kun on täältä lähtenyt.
Ehkä aavistatkin että yhä rakastan sua.
Vaikka voinkin toiseen ihmiseen rakastua.
Ja hänen luokseen olenkin matkalla nyt.

En yhtään tiedä miltä hän näyttää,
mutta tiedän että hän katseeni pysäyttää
heti kun hänet nään.
Tunnen sydämessäni vahvasti sen,
ettei kulu kauaa kun hänet näen,
ja sillä hetkellä hän sekoittaa mun pään.

Ehkä olen jättänyt nyt pysyvästi Suomen...
Tämä ajatus saa kastumaan mun silmäluomen,
ja mut kovin surulliseksi.
Ehkä mun olis pitänyt enemmän rakastaa sua,
eikä antaa arkuuden puserooni tarttua.
En nyt muutakaan syytä surullisuuteeni keksi.

Jumala sen tietää en mä,
tapaammeko sun kanssasi enää ikinä,
ja pääsenkö tätä laulua sulle esittämään.
Jos on tarkoitettu tapahtuvaksi niin,
me vielä joskus katsomme toisiamme silmiin,
eikä mikään pääse suunnitelmiamme vesittämään.

On Jumalan käsissä se mitä meille tapahtuu,
niin kohtalomme kuin kaikki muu,
ja tiedän että säkin uskot niin.
Säily siis aina iloisena, äläkä suostu murehtimaan,
tapahtui elämässä sitten mitä vaan.
Rakas ystäväni, voi hyvin...näkemiin.